This book belongs to:

_____

Three Thousand Words to See and Say

Text by Valerie Laud
Illustrations by Valentin Latushkin

ISBN 0-9747387-0-0

Library of Congress Control Number 2004117309

Printed in China

First Printing 2005

Visit EKADOO at www.ekadoo.com

ENGLISH-SPANISH EDITION

The Picture Book Dictionary

The Essential Source for Bilingual Families

Text by Valerie Laud
Illustrations by Valentin Latushkin

EKADOO
Publishing Group

P.O. Box 2286
North Redondo Beach
CA 90278

"...To our children,
For managing to completely change our lives,
For their love and wisdom,
For the happiness they brought to us."

All young children will enjoy *The Picture Book Dictionary*. Colorful pictures will attract infants and toddlers. Babies just love to spend time exploring pictures and analyzing details. They are thrilled with their own ability to identify different objects. This book's beautiful illustrations will expand the imagination and enrich the vocabulary of infants and toddlers.

The Picture Book Dictionary will be a great help in learning the alphabet and making first reading steps for 2-4 year-olds.

By applying letters to pictured objects, children will be able to identify and remember each letter. Kids of this age group are very curious and anxious to learn. By using this book frequently, children will very soon be able to read their first syllables and even short words.

For older children, this book will help develop visual memory and reading technique. Each word entry in this book is supported by a sample sentence with an illustration. Simple words and phrases, familiar to their everyday world, will make reading lessons easy and fun. The child's first success will inspire him or her to learn and read more.

Children will want to return to this *Picture Book Dictionary* again and again because it is attractive, informative and practical.

Reading to and together with our kids is one of the most important aspects of their development.

This English-Spanish edition will help young children discover their unique skill in picking up the language easily.

The Picture Book Dictionary is an essential source of learning for kids in bilingual families.

"EKADOO" Publishing Group.

Aa

A UN

Nick met a new friend at the park.

Nick hizo un nuevo amigo en el parque.

ABLE (BE ABLE) PODER

A falcon is able to fly faster than a car can ride.

Un halcón puede ser más rápido que un automóvil.

ACROSS CRUZÓ

A big dog ran across the street.

Un perro grande cruzó la calle corriendo.

ADD AGREGAR

Add blue to yellow to get green.

Agrégale azul al amarillo para obtener verde.

AFTER DESPUÉS

After the rain, when the sun came out, the children went to play.

Después de la lluvia, cuando salió el sol, los niños fueron a jugar.

AHEAD ADELANTE

Tom is always ahead during races.

Tom siempre va adelante en las carreras.

AIR AIRE

The air is fresh and cool in the mornings.

El aire es fresco y frío en las mañanas.

AIRPLANE AVIÓN

An airplane flies above the clouds.

Un avión vuela por encima de las nubes.

ALL TODOS

We all like ice cream on a hot day.

A todos nos gusta el helado cuando el día está caluroso.

ALMOST CASI

It is almost noon.

Es casi mediodía.

ALONE SOLO

My cat does not like to play alone.

A mi gato no le gusta jugar solo.

ALONG JUNTO

Campers went along the river.

Los excursionistas caminaron junto al río.

ALSO TAMBIÉN

The other clown also wants a pink ball.

El otro payaso también quiere una pelota rosada.

AM SOY o ESTOY

I am drawing a funny picture.

Estoy haciendo un dibujo gracioso.

AN UN

An elephant is a very strong animal.

Un elefante es un animal muy fuerte.

AND Y

We like to run and jump.

Nos gusta correr y saltar.

ANIMAL ANIMAL

This is a very funny animal!

¡Éste es un animal muy gracioso!

ANOTHER OTRO

Tina found another interesting book.

Tina encontró otro libro interesante.

ANSWER CONTESTAR

My kid brother likes to answer the phone.

A mi hermano menor le gusta contestar el teléfono.

APPLE MANZANA

This apple is bad.

Esta manzana está podrida.

ASK PEDIR

Should I ask for help?

¿Debería pedir ayuda?

ASLEEP DORMIDO

My little puppy is finally asleep.

Mi pequeño cachorro por fin está dormido.

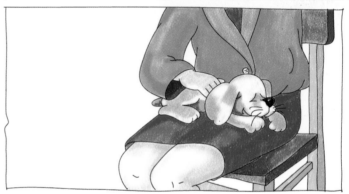

AT EN

We have great swings at our school.

Tenemos hamacas excelentes en nuestra escuela.

AWAY LEJOS

Do you know why the bird flew away?

¿Sabes por qué voló lejos el pájaro?

Bb

BABY BEBÉ

Tim has a baby brother.

Tim tiene un hermano bebé.

BALL PELOTA

Now the ball is all wet.

Ahora la pelota está toda mojada.

BARK LADRAR

My dog would bark at anyone in its way.

A mi perro le gustaba ladrarle a cualquiera que se le cruzaba.

BARN GRANERO

There is a big barn by the forest.

Hay un gran granero cerca del bosque.

BASKET
CANASTO

Our kittens like to play in the basket.

A nuestros gatitos les gusta jugar en el canasto.

BAT
BATE

Bill got a new baseball bat for his birthday.

A Bill le dieron un nuevo bate de béisbol para su cumpleaños.

BEAR
OSO

The bear was not afraid of bees.

El oso no le tenía miedo a las abejas.

BECAUSE
PORQUE

Clowns are funny because they do funny things.

Los payasos son graciosos porque hacen cosas graciosas.

BECOME
LLEGAR A SER

Pete wants to become an engineer, so he can make real rockets.

Pete quiere llegar a ser ingeniero para poder fabricar cohetes de verdad.

BEHIND DETRÁS

We saw an elephant behind the tree.

Vimos un elefante detrás del árbol.

BELONG PERTENECER

Both dolls belong to Mary.

Ambas muñecas pertenecen a Mary.

BESIDE AL LADO

The small boat is beside the big ship.

El pequeño barco está al lado del gran navío.

BETTER MEJOR

Milk is better for you than soda.

La leche es mejor para ti que la gaseosa.

BETWEEN ENTRE

Something was going on between these two mice.

Sucedía algo entre estos dos ratones.

BIG   GRANDE

The sandwiches were big and tasty.

Los sándwiches eran grandes y sabrosos.

BIKE   BICICLETA

The clown had a funny bike.

El payaso tenía una bicicleta graciosa.

BIRD   PÁJARO

The bird is not afraid of the scarecrow.

El pájaro no le tiene miedo al espantapájaros.

BITE   BOCADO

A bite of fruit is always good.

Siempre es bueno comer un bocado de fruta.

BLUE   AZUL

The sky is blue and the clouds are white.

El cielo es azul y las nubes son blancas.

BOAT BARCO

Henry's boat was not very safe.

El barco de Henry no era muy seguro.

BOOK LIBRO

Tammy will ask Dad to read her favorite book to her.

Tammy le pedirá a su papá que le lea su libro favorito.

BOX CAJA

Someone is trying to hide under the box.

Alguien está tratando de esconderse bajo la caja.

BRANCH RAMA

Terry is swinging on the tree branch.

Terry se está hamacando en la rama del árbol.

BRIGHT BRILLANTE

The bright sun came out from behind the clouds.

El sol brillante salió de atrás de las nubes.

BUS AUTOBÚS

The school bus picks Jim up at 8:00 a.m.

El autobús de la escuela recoge a Jim a las 8 a.m.

BUT PERO

Kevin wants to buy a balloon, but he does not have enough money.

Kevin quiere comprar un globo, pero no tiene suficiente dinero.

BY AL LADO

Jim wants to sit by his Mom.

Jim quiere sentarse al lado de su mamá.

Cc

CAKE PASTEL

The cake looks very tasty.

El pastel se ve muy sabroso.

CALL LLAMAR

Tom tries to call and order pizza.

Tom trata de llamar y pedir una pizza.

CAME VINO

"Look who came to our party!"

`Mira qui n vino a nuestra fiesta!

CAN PODER

Who else can ride a broomstick?

¿Quién más puede montar una escoba?

CANDY DULCE

That is my favorite candy.

Ése es mi dulce favorito.

CAP GORRO

This cap does not fit me.

Este gorro no me queda bien.

CAR
AUTOMÓVIL

The clowns could not start the car.

Los payasos no podían arrancar el automóvil.

CARE
CUIDAR

You need to take care of your pets.

Debes cuidar a tus mascotas.

CARRY
CARGAR

The box was hard to carry.

La caja era difícil de cargar.

CARTWHEEL
SALTO MORTAL

You can try to do a cartwheel.

Puedes tratar de hacer un salto mortal.

CATCH
ATRAPAR

The catcher will catch the next ball.

El catcher va a atrapar la próxima pelota.

CHAIR SILLA

The wooden chair was too hard for Mary.

La silla de madera era demasiado dura para Mary.

CHANGE CAMBIAR

Tommy would need to change his shoes.

Tommy necesitaría cambiarse los zapatos.

CITY CIUDAD

Our city is full of big buildings.

Nuestra ciudad está llena de edificios grandes.

CLOCK RELOJ

The clock has an alarm.

El reloj tiene una alarma.

CLOSE CERRAR

The clown decided to close the cage.

El payaso decidió cerrar la jaula.

CLOTHES ROPAS

"Why are your clothes on the floor?"

"¿Por qué están tus ropas en el suelo?"

COAT ABRIGO

This coat has too many buttons.

Este abrigo tiene demasiados botones.

COLD FRÍO

"It is cold. Let's make a snowman!"

"¡Hace frío! ¡Hagamos un muñeco de nieve!"

COLOR COLOREAR

"Let's color this coloring book together!"

"¡Coloreemos juntos este libro de colorear!"

COOK COCINAR

Jack and Jill want to learn how to cook.

Jack y Jill quieren aprender a cocinar.

COOKIE GALLETITA

A cookie is great with a glass of milk.

Una galletita sabe muy bien con un vaso de leche.

CORN MAÍZ

Our whole family likes corn.

El maíz le gusta a toda nuestra familia.

CORNER RINCÓN

Our dog hides in the corner when it is scared.

Nuestro perro se esconde en el rincón cuando tiene miedo.

COW VACA

We saw a cow and a calf.

Vimos una vaca y un ternero.

CROSS CRUZAR

The boys decided to cross the river using the rope bridge.

Los niños decidieron cruzar el río usando el puente de soga.

CRY

LLORAR

"Boys don't cry, Billy."

"Los hombres no lloran, Billy."

CUP

TAZA

"Careful! The cup is very hot!"

"¡Ten cuidado! ¡La taza está muy caliente!"

CUT

CORTAR

Now Jane will cut the cake.

Ahora Jane va a cortar el pastel.

Dd

DAD

PAPÁ

Dad takes Bobby to the beach on the weekends.

Papá lleva a Bobby a la playa los fines de semana.

DANCE BAILAR

Lisa loves to dance.

A Lisa le encanta bailar.

DAY DÍA

It was a beautiful day, and we saw a deer by the stream.

Era un día hermoso y vimos un ciervo cerca del arroyo.

DESK ESCRITORIO

My desk is clean and well organized.

Mi escritorio está limpio y bien organizado.

DIG CAVAR

The excavator can dig very fast.

La excavadora puede cavar muy rápido.

DO HACER

What do frogs do for fun?

¿Qué hacen los sapos para divertirse?

DOCTOR
DOCTOR

Pete went to see the doctor for a check-up.

Pete fue a visitar al doctor para que lo revisara.

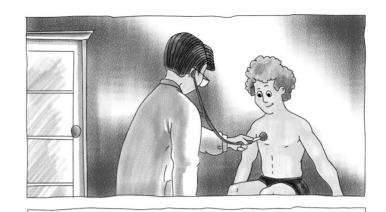

DOG
PERRO

My dog has a little friend.

Mi perro tiene un pequeño amigo.

DOOR
PUERTA

Wearing a costume, John was hiding behind the door.

Disfrazado, John estaba escondido detrás de la puerta.

DOWN
(GO DOWN) BAJAR

It was scary to go down the hill for the first time.

Era atemorizante bajar la colina por primera vez.

DRAW
HACER

I am trying to draw a funny picture.

Estoy tratando de hacer un dibujo gracioso.

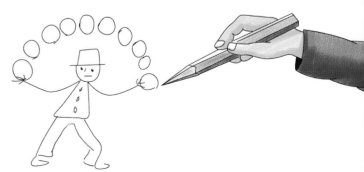

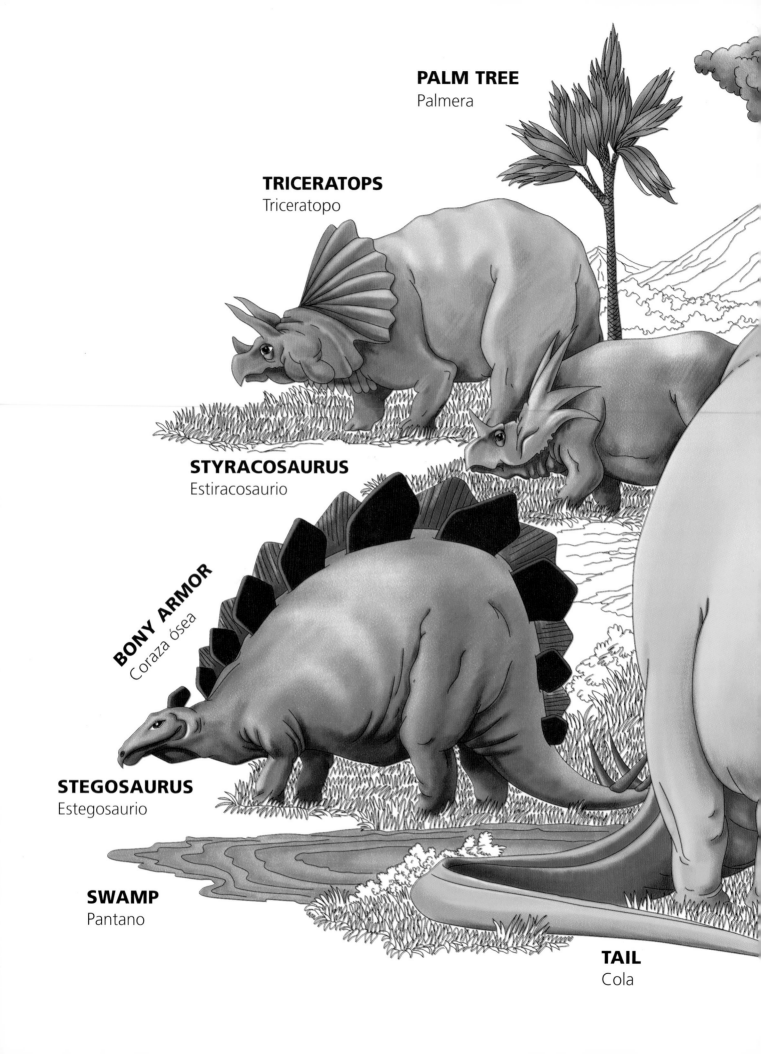

PALM TREE
Palmera

TRICERATOPS
Triceratopo

STYRACOSAURUS
Estiracosaurio

BONY ARMOR
Coraza ósea

STEGOSAURUS
Estegosaurio

SWAMP
Pantano

TAIL
Cola

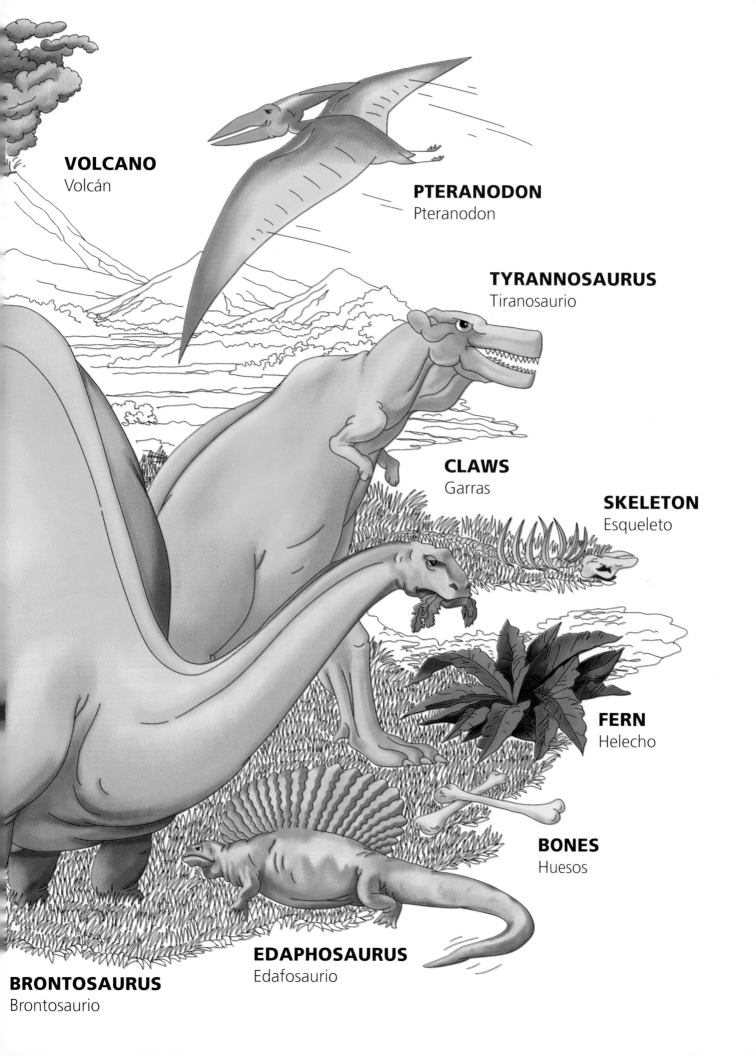

VOLCANO
Volcán

PTERANODON
Pteranodon

TYRANNOSAURUS
Tiranosaurio

CLAWS
Garras

SKELETON
Esqueleto

FERN
Helecho

BONES
Huesos

EDAPHOSAURUS
Edafosaurio

BRONTOSAURUS
Brontosaurio

DREAM SUEÑO

In her dream, Jennie was a ballerina.

En su sueño, Jennie era una bailarina.

DRESS VESTIDO

"Oh, what a beautiful dress!"

"¡Ay, qué hermoso vestido!"

DRINK BEBER

Debbie likes to drink milk with her lunch.

A Debbie le gusta beber leche con el almuerzo.

DROP DEJAR CAER

Donald tried not to drop the eggs.

Donald trató de no dejar caer los huevos.

DRY SECAR

I always dry myself after taking a shower.

Siempre me seco después de ducharme.

DUCK PATO

The duck was looking for fish.

El pato estaba buscando peces.

Ee

EACH CADA

Each of us likes to have a little secret with Mom.

A cada uno de nosotros le gusta tener un secretito con mamá.

EARS OREJAS

Look. I also have very big ears now!

¡Mira! ¡Yo también tengo orejas muy grandes ahora!

EARLY TEMPRANO

Early in the morning you can see the sunrise.

Temprano por la mañana puedes ver el amanecer.

EASY

FÁCIL

It is not easy to dress up a horse.

No es fácil vestir a un caballo.

EAT

COMER

When I eat too much, I feel sleepy.

Cuando como demasiado, me dan ganas de dormir.

EGG

HUEVO

John took one egg from the basket.

John tomó un huevo de la canasta.

ENJOY

DISFRUTAR

Birds enjoy chatting on our fence.

Los pájaros disfrutan de sus charlas en nuestro cerco.

ENOUGH

SUFICIENTE

"Thank you. It is enough."

"Gracias. Es suficiente".

EVEN
PAREJO

We will make it even for everyone.

Haremos que sea parejo para todo el mundo.

EVEN
INCLUSO

Even on a dark night you can see Laura's house from the hill.

Incluso en las noches oscuras puedes ver la casa de Laura desde la colina.

EVER
ALGUNA VEZ

Have you ever tried to catch a piglet?

¿Alguna vez has tratado de atrapar un cerdito?

EVERY
CADA

We laugh every time Sue tells a story.

Nos reímos cada vez que Sue cuenta una historia.

EYE
OJO

Jack has something in his eye.

Jack tiene algo en el ojo.

FACE CARA

"You should wash your face better !"

"¡Será mejor que te laves la cara!"

FAIRY TALE CUENTO DE HADAS

I was dreaming a fairy tale.

Estaba soñando con un cuento de hadas.

FALL OTOÑO

It must be fall!

¡Debe ser otoño!

FALL CAER

"Why did the glass fall on the floor?"

"¿Por qué se cayó el vaso al suelo?"

Ff

FARM
GRANJA

Next week we will go to the farm to see the animals.

La semana que viene iremos a la granja a ver los animales.

FATHER
PADRE

My father is a lion tamer.

Mi padre es domador de leones.

FEED
ALIMENTAR

We will make birdhouses and feed the birds.

Vamos a construir pajareras y alimentar a los pájaros.

FEW
POCOS, POCAS

Mr. Smith had to buy a few more things for my birthday.

El Sr. Smith tenía que comprar unas pocas cosas más para mi cumpleaños.

FIELD
CAMPO

The field behind my house is great for playing baseball.

El campo que está detrás de mi casa es buenísimo para jugar al béisbol.

FIGHT PELEAR

The cat doesn't want to fight with the dog.

El gato no quiere pelear con el perro.

FIND ENCONTRAR

Nick tries to find his bat.

Nick trata de encontrar su bate.

FINGER DEDO

I have a finger puppet on my finger.

Tengo un pequeño títere en el dedo.

FIRE FUEGO

Firemen fight fire.

Los bomberos combaten el fuego.

FLOOR PISO

Grandma always sweeps the floor with a broom.

La abuela siempre barre el piso con una escoba.

FLOWER FLOR

There is a bee on the flower.

Hay una abeja en la flor.

FLY VOLAR

Billy makes our kite fly very high.

Billy hace volar muy alto nuestra cometa.

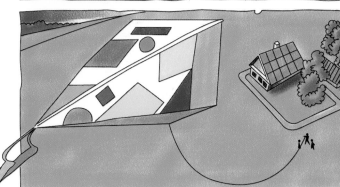

FOLLOW SEGUIR

The ants are playing "Follow the Leader".

Las hormigas están jugando a "seguir al líder".

FOR PARA

This glove is for the catcher.

Este guante es para el catcher.

FOREST BOSQUE

We saw wild animals in the forest.

Vimos animales silvestres en el bosque.

FRIEND AMIGO

Jack is Billy's good friend.

Jack es buen amigo de Billy.

FULL LLENO

The bathtub is almost full.

La bañera está casi llena.

FULL LLENO

Joe is full after eating too much cake.

Joe se siente lleno después de comer demasiado pastel.

FUN DIVERTIDO

It was fun to have a clown at the birthday party.

Fue divertido tener a un payaso en la fiesta de cumpleaños.

FUNNY GRACIOSO

The dog was doing funny tricks.

El perro estaba haciendo piruetas graciosas.

Gg

GAME JUEGO

Guess what game they are playing?

¿Adivina qué juego están jugando?

GIVE DAR

My older brother often gives me a ride.

Mi hermano mayor suele darme aventones.

GLAD CONTENTO

"I am glad to see you, my friend!"

"¡Estoy contento de verte, amigo mío!"

GLASS VASO

The cat wanted a glass of milk.

El gato quería un vaso de leche.

GO IR

I like to go to the zoo.

Me gusta ir al zoológico.

GOLD ORO

Hank likes stories about pirates and gold treasure.

A Hank le gustan las historias sobre piratas y tesoros de oro.

GOOD SABROSO

This ice cream looks good, and I want it!

¡Este helado se ve sabroso y yo lo quiero!

GRASS GRAMA

The grass was hard to mow.

La grama era difícil de cortar.

GREEN VERDE

Cross the street only when the light is green!

¡Cruza la calle sólo cuando la luz está verde!

GUESS ADIVINAR

I like to guess what is in the box before opening it.

Me gusta adivinar qué hay en la caja antes de abrirla.

HAIR PELO

The clown's hair is not real. It is a wig.

El pelo del payaso no es real. Es una peluca.

HALF MITAD

I want just half an apple.

Sólo quiero la mitad de una manzana.

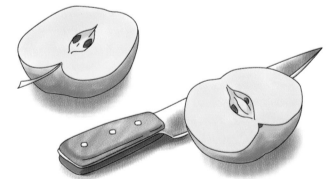

HAND MANO

I always hold my Dad's hand when crossing the street.

Siempre le agarro la mano a mi papá cuando cruzamos la calle.

HAPPY FELIZ

The monkey was happy to get a banana.

El mono estaba feliz de recibir una banana.

HAPPEN PASAR

What will happen next in Rosa's story?

¿Qué va a pasar ahora en la historia de Rosa?

HARD DURO

A turtle has a very hard shell.

La tortuga tiene el caparazón muy duro.

HE ÉL

He has new roller-blades.

(Él) Tiene patines nuevos.

HEAD CABEZA

I put headphones on my head and listen to the music.

Me pongo los auriculares en la cabeza y escucho música.

HEART CORAZÓN

"I made this heart for you!"

"¡Hice este corazón para ti!"

HELP AYUDAR

Jose likes to help in the kitchen.

A José le gusta ayudar en la cocina.

HER A ELLA

Lola hides so no one will find her.

Lola se esconde para que nadie la encuentre (a ella).

HIGH ALTO

I like to swing very high!

¡Me gusta hamacarme muy alto!

HILL COLINA

Jim went down the hill too fast.

Jim bajó la colina demasiado rápido.

1 O'CLOCK
La una

4 O'CLOCK
Las cuatro

5 O'CLOCK
Las cinco

8 O'CLOCK
Las ocho

2 O'CLOCK
Las dos

6 O'CLOCK
Las seis

3 O'CLOCK
Las tres

THREE, THIRD
Tres, tercero

ONE, FIRST
Uno, primero

TWO, SECOND
Dos, segundo

SEVEN, SEVENTH
Siete, séptimo

EIGHT, EIGHTH
Ocho, octavo

7 O'CLOCK
Las siete

11 O'CLOCK
Las once

12 O'CLOCK
Las doce

10 O'CLOCK
Las diez

9 O'CLOCK
Las nueve

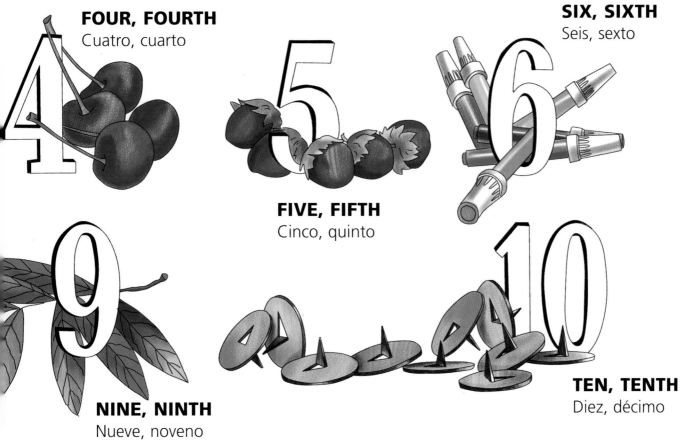

FOUR, FOURTH
Cuatro, cuarto

SIX, SIXTH
Seis, sexto

FIVE, FIFTH
Cinco, quinto

NINE, NINTH
Nueve, noveno

TEN, TENTH
Diez, décimo

HIM A ÉL

Jack was tired, and Nina offered him a ride.

Jack estaba cansado y Nina le ofreció un aventón (a él).

HIT GOLPE

I hit a home run!

¡Con un golpe hice un "home run"!

HOLD AGARRAR

"Hold me if you can," said the goldfish.

"Agárrame si puedes", dijo el pececito de colores.

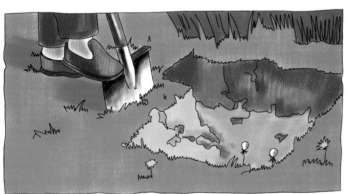

HOLE AGUJERO

Nick made a hole to plant a tree.

Nick hizo un agujero para plantar un árbol.

HOME CASA

Joe runs home because it is raining hard.

Joe corre a casa porque está lloviendo fuerte.

HORSE  CABALLO

It is hard to ride a wild horse.

Es difícil montar un caballo salvaje.

HOT CALIENTE

The pie is still very hot.

El pastel todavía está muy caliente.

HOUR HORA

Our old clock strikes every hour.

Nuestro viejo reloj suena cada hora.

HOW CÓMO

I want to learn how to become a magician.

Quiero saber cómo llegar a ser mago.

HURT LASTIMAR

"Now we both might get hurt!"

"¡Ahora es posible que ambos nos lastimemos!"

I YO

I am six today!

¡Yo cumplo seis años hoy!

ICE HIELO

I love tea with ice.

Me encanta el té con hielo.

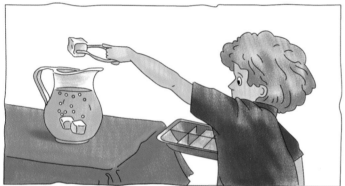

ICE CREAM HELADO

Irene is always first to get ice cream.

Irene siempre es la primera en recibir el helado.

INDIAN INDIO

My uncle plays an Indian in a movie.

Mi tío interpreta a un indio en una película.

44

INTO

EN

It got dark when our train went into the tunnel.

Se puso oscuro cuando el tren entró en el túnel.

IS

ES o ESTÁ

Jack thinks this snake is harmless.

Jack cree que esta víbora es inofensiva.

IT

ESO

Pete thinks that it is a real duck.

Pete cree que (eso) es un pato de verdad.

Jj

JET

JET

My Dad flies a jet.

Mi papá pilotea un jet.

JOY ALEGRÍA

What a joy it is to play jump rope!

¡Qué alegría me da jugar a saltar la soga!

JUMP SALTAR

Jack did not expect a cricket to jump so high.

Jack no creyó que un grillo saltaría tan alto.

JUST SÓLO

Jerry needs just a few more snow-balls to fill the freezer.

Jerry necesita sólo unas pocas bolas de nieve más para llenar el congelador.

Kk

KEEP MANTENER

"Please keep quiet when I am reading!"

"¡Por favor mantente callado cuando estoy leyendo!"

KIND BONDADOSO

The King did not seem to be kind.

El rey no parecía ser bondadoso.

KITTEN GATITO

The kitten plays with Nana's yarn.

El gatito juega con el hilo de Nana.

KNOW SABER

I do not know where the other racket is.

No sé dónde está la otra raqueta.

Ll

LAKE LAGO

The boat race on our lake just started.

Recién empezó la carrera de lanchas en el lago.

LAND ATERRIZAR

The plane will land in a few seconds.

El avi n va a aterrizar en pocos segundos.

LARGE GRANDE

Leo found a big hat for the large snowman.

Leo encontró un sombrero grande para el gran **muñeco** de nieve.

LATE TARDE

"I am sorry I am late."

"Lamento llegar tarde."

LAY ACOSTARSE

We love to lay down and watch cartoons.

Nos encanta acostarnos y mirar dibujos animados.

LEARN APRENDER

My puppy is too lazy to learn new tricks.

Mi cachorro es demasiado harag n para aprender nuevos trucos.

LEAVE MARCHARSE

Our dog looks very lonely when we leave.

Nuestro perro se ve muy solitario cuando nos marchamos.

LEG PIERNA

Liz has hurt her leg, so Jim gives her a ride.

Liz se ha lastimado la pierna, así que Jim le da un aventón.

LET DEJAR

"Let me answer this question!"

"¡Déjame contestar esta pregunta!"

LETTER CARTA

"Here is a letter for you," said the mailman.

"Aquí hay una carta para ti", dijo el cartero.

LIKE GUSTAR

I like to listen to the rain.

Me gusta escuchar la lluvia.

LINE LÍNEA

Louis could not draw a straight line.

Louis no podía trazar una línea recta.

LITTLE PEQUEÑO

The big dog was surprised to see such a little one.

El perro grande se sorprendió al ver uno tan pequeño.

LIVE VIVIR

Wild sheep live in the mountains.

Los carneros salvajes viven en las montañas.

LONG LARGO

Raccoons have long tails.

Los mapaches tienen la cola larga.

LOOK MIRAR

Always look where you are going.

Siempre debes mirar adónde vas.

LOT MUCHO

A dog is a lot faster than a snake.

Un perro es mucho más veloz que una víbora.

LUNCH ALMUERZO

I had a tasty hot dog for lunch.

Comí un sabroso "hot dog" en el almuerzo.

Mm

MAIL CORREO

There was no mail for us today.

No hubo correo para nosotros hoy.

MAKE HACER

We will make a big snowman together.

Vamos a hacer un gran muñeco de nieve juntos.

MAN HOMBRE

The man who is getting married is my uncle.

El hombre que se casará es mi tío.

MAY PODER

"You may help me prepare this mix."

"Puedes ayudarme a preparar esta mezcla."

MEAN TENER LA INTENCIÓN

"Sorry. I did not mean to hurt you,"
said Mike.

"Lo siento. No fue mi intención lastimarte", dijo Mike.

MEET HACER

It is great to meet a new friend.

Es genial hacer un nuevo amigo.

MIGHT SER POSIBLE

Mona thinks the dog might be hungry.

Mona cree que es posible que el perro tenga hambre.

MILK LECHE

Here is my glass of milk!

¡Aquí está mi vaso de leche!

MIND IMPORTA

"I don't mind if you have my baseball bat."

"No me importa si tienes mi bate de béisbol."

MOON LUNA

Jim dreams of flying to the moon.

Jim sueña con volar a la luna.

MORNING MAÑANA

A rooster crows early in the morning.

Un gallo canta temprano por la mañana.

MOUNTAIN MONTAÑA

This mountain looks too high for little Billy.

Esta montaña parece demasiado alta para el pequeño Billy.

MONKEY
Mono

PYTHON
Pitón

LION
León

CUB
Cachorro

GAZELLE
Gacela

WATER HOLE
Pozo de agua

CROCODILE
Cocodrilo

VULTURES
Buitres

VINE
Vid

GIRAFFE
Jirafa

ZEBRA
Cebra

RHINOCEROS
Rinoceronte

ELEPHANT
Elefante

LIZARD
Lagartija

TRACKS
Huellas

NEST — NIDO

We found a nest with two eggs in it.

Encontramos un nido con dos huevos adentro.

NEVER — JAMÁS

"Never try dangerous tricks!"

"¡Jamás trates de hacer travesuras peligrosas!"

NEXT — PRÓXIMO

Nina is next to pay for the ticket.

Nina será la próxima en pagar el boleto.

NIGHT — NOCHE

Owls see better at night.

Los búhos ven mejor por la noche.

NOISE — RUIDO

Niles was making too much noise.

Niles estaba haciendo demasiado ruido.

NOSE NARIZ

An elephant's nose is called a trunk.

La nariz del elefante se llama trompa.

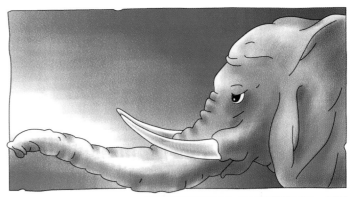

NOT NO

"Do not eat food when you are sitting on the sofa!"

"¡No comas cuando estás sentado en el sofá!"

NOTE NOTA

Jack leaves a note for his sister.

Jack deja una nota para su hermana.

NOTHING NADA

There was nothing to do in the empty house.

No había nada que hacer en la casa vacía.

NOW AHORA

Now I am glad I took the umbrella.

Ahora me alegro de haber traído el paraguas.

Oo

OAK ROBLE

In our yard we have an old oak with a tree house in it.

En el jardín tenemos un viejo roble en el que hay una casita.

ODD IMPAR

These are odd numbers.

Estos son números impares.

OFF (*take off*) SACARSE

I took off my goggles and lost them in the water.

Me saqué las gafas protectoras y las perdí en el agua.

OFTEN SEGUIDO

You can see shooting stars quite often during summer.

Muy seguido se pueden ver estrellas fugaces durante el verano.

ON
EN

Olivia likes to hop on one leg.

A Olivia le gusta saltar en una pierna.

ONLY
SÓLO

We can move this huge snowball only if we do it together.

Sólo podremos mover esta enorme bola de nieve si lo hacemos juntos.

OPEN
ABRIR

Skip can open the door without help.

Skip puede abrir la puerta sin ayuda.

OUR
NUESTRO

That is our boat.

Ése es nuestro barco.

OUT
AFUERA

I fell asleep out in the field.

Me quedé dormido afuera en el campo.

OVER POR

Our dogs are fighting over the ball.

Nuestros perros se están peleando por la pelota.

OWN PROPIO

Now I have my own watch!

¡Ahora tengo mi propio reloj!

Pp

PAINT PINTAR

We are learning to paint in our art class.

Estamos aprendiendo a pintar en nuestra clase de arte.

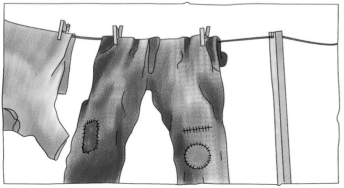

PANTS PANTALONES

The pants with patches are mine.

Los pantalones con parches son míos.

PARK   PARQUE

Next week we will go to an amusement park!

¡La semana que viene iremos a un parque de diversiones!

PARTY   FIESTA

Pam is going to Pete's birthday party.

Pam irá a la fiesta de cumpleaños de Pete.

PASS   PASAR

"Would you pass me that jar, please?"

"¿Me pasas ese tarro, por favor?"

PEN   PLUMA

I've got a nice new pen.

Tengo una bonita pluma nueva.

PENCIL   LÁPIZ

This is a well-sharpened pencil.

Éste es un lápiz con la punta bien afilada.

PET MASCOTA

My pet sleeps in my bed.

Mi mascota duerme en mi cama.

PICTURE FOTO

The teacher takes a picture of the best student.

El maestro toma una foto del mejor estudiante.

PIECE PORCIÓN

Jack asked for another piece of pie.

Jack pidió otra porción de pastel.

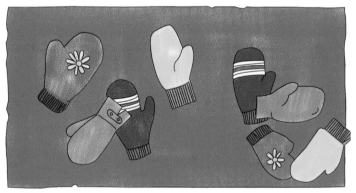

PLAIN SIN ADORNOS

Those plain yellow mittens are mine.

Esos mitones amarillos sin adornos son míos.

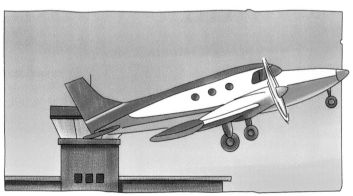

PLANE AVIÓN

This is a private plane.

Éste es un avión privado.

PLATE   PLATO

Not many cookies were left on the plate.

No quedaban muchas galletitas en el plato.

PLAY   JUGAR

Jack's puppy likes to play with a ball.

Al cachorro de Jack le gusta jugar con la pelota.

PRETTY   LINDO

We saw a pretty pony at the circus.

Vimos un pony lindo en el circo.

PULL   JALAR

The wagon was hard to pull.

El carro era difícil de jalar.

PUPPY   CACHORRO

Pete wants to have that puppy.

Pete quiere tener ese cachorro.

Qq

QUARTER CUARTO

It is a quarter to twelve now.

Ahora son las doce menos cuarto.

QUESTION PREGUNTA

Our teacher asks the same question every day.

Nuestro maestro hace la misma pregunta todos los días.

QUIET CALLADO

The teacher asked us to be quiet.

El maestro nos pidió que estuviéramos callados.

QUITE COMPLETAMENTE

Jack was not quite sure where everyone was.

Jack no estaba completamente seguro de dónde estaba todo el mundo.

Rr

RABBIT   CONEJO

**The rabbit won the race with
the turtle.**

El conejo le ganó la carrera a la tortuga.

RAIN   LLUVIA

Suddenly it started to rain.

De pronto comenzó a llover.

RATHER   PREFERIR

Jack would rather read than play.

Jack prefiere leer que jugar.

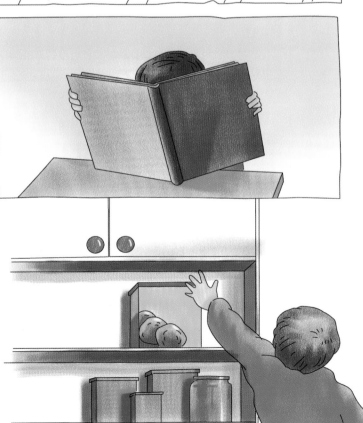

REACH   ALCANZAR

Rick could not reach the top shelf.

Rick no podía alcanzar el estante
más alto.

REMEMBER RECORDAR

Ron tries to remember where his key is.

Ron trata de recordar dónde está su llave.

REPTILE REPTIL

I have a large reptile at home.

Tengo un reptil grande en casa.

RIDE MONTAR

It is tough to ride a wild horse.

Es difícil montar un caballo salvaje.

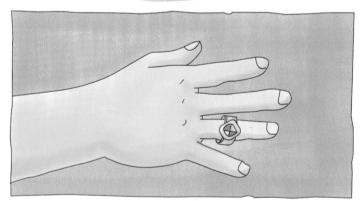

RING ANILLO

I wear a ring on my right hand.

Uso un anillo en la mano derecha.

ROOM HABITACIÓN

Robert's room is always a mess.

La habitación de Robert es siempre un desastre.

ROUND

REDONDO

I had both round and oval balloons.

Tenía globos redondos y ovalados.

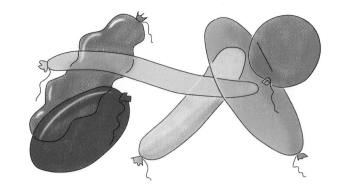

RUN

CORRER

A cheetah can run at 60 miles an hour.

Un chita puede correr a 60 millas por hora.

Ss

SAD

TRISTE

Jim was sad when Grandpa left.

Jim se sintió triste cuando se fue el abuelo.

SAME

MISMO

The twins play on the same team.

Los mellizos juegan en el mismo equipo.

SAVE AHORRAR

I save my pocket money.

Yo ahorro el dinero de mi mesada.

SAFE SEGURO

The snowman was not safe under the sun.

El muñeco de nieve no estaba seguro bajo el sol.

SCHOOL ESCUELA

Sarah and Sam acted in a school play.

Sarah y Sam actuaron en la obra de teatro de la escuela.

SEA MAR

There is a big storm out at sea.

Hay una gran tormenta en el mar.

SEAL FOCA

A seal has silky skin.

La foca tiene la piel sedosa.

SEAT

ASIENTO

"Please, come in and have a seat."

"Por favor, entre y tome asiento."

SEE

VER

Let's see if Jim can tie his shoes.

Vamos a ver si Jim puede atarse los zapatos.

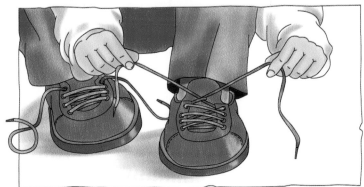

SEEDS

SEMILLAS

Sam is planting seeds one by one.

Sam está plantando semillas una por una.

SEW

COSER

I am learning how to sew.

Estoy aprendiendo a coser.

SHARE

COMPARTIR

"Who will share this sandwich with me?"

"¿Quién va a compartir este sándwich conmigo?"

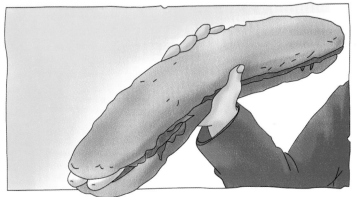

DOWN
Hacia abajo

UP
Hacia arriba

UNDER
Debajo

IN
Hacia adentro

BEHIND
Detrás

IN FRONT OF
Delante

FULL
Lleno

EMPTY
Vacío

WET
Mojado

DRY
Seco

FAT
Gordo

THIN
Delgado

OVER
Encima

ABOVE
Arriba

OFF
Fuera

BELOW
Abajo

ON
En

ASLEEP
Dormido

AWAKE
Despierto

afuera

OPENED
Abierto

LARGE
Grande

SMALL
Pequeño

CLOSED
Cerrado

OLD
Viejo

NEW
Nuevo

SHEAR ESQUILAR

At the farm we shear sheep once a year.

En la granja esquilamos las ovejas una vez al año.

SHIP BARCO

We went on a cruise on a big ship.

Hicimos un crucero en un gran barco.

SHOE ZAPATO

There was a stone in my shoe.

Había una piedra en mi zapato.

SHORT CORTO

My pink dress is short.

Mi vestido rosado es corto.

SHOW MOSTRAR

"Come here, and I will show you the squirrel!"

"¡Ven aquí y te mostraré la ardilla!"

SICK   *(GET SICK)* ENFERMARSE

I got sick and went to see the doctor.

Me enfermé y fui a ver al doctor.

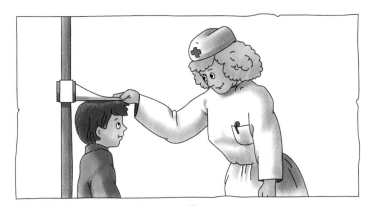

SINCE   YA QUE

I wear boots since it is wet everywhere.

Uso botas ya que está mojado por todas partes.

SKATE   PATINAR

We skate on our lake when it freezes.

Patinamos sobre nuestro el lago cuando se congela.

SKIN   PIEL

As the snake grows it sheds its skin.

A medida que crece, la víbora cambia la piel.

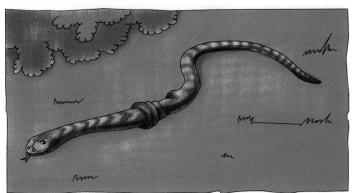

SLIDE   DESLIZARSE

I like to slide over bumps.

Me gusta deslizarme sobre las lomas.

SMALL PEQUEÑO

Amy's dog is small and mine is big.

El perro de Amy es pequeño y el mío es grande.

SOME ALGUNAS

Some butterflies are very colorful.

Algunas mariposas son muy coloridas.

SOON PRONTO

The food will be ready soon.

Pronto estará lista la comida.

STARS ESTRELLAS

Jim likes to stare at the stars.

A Jim le gusta mirar las estrellas.

START EMPEZAR

The race will start in a minute.

La carrera va a empezar en un minuto.

STILL TODAVÍA

I still do not get the joke.

Todavía no entiendo la broma.

STORE TIENDA

We buy groceries at the nearby store.

Compramos comestibles en la tienda que está cerca.

SUIT TRAJE

Sam takes good care of his suit.

Sam cuida bien su traje.

SUMMER VERANO

Jack just loves summer!

¡A Jack sencillamente le encanta el verano!

SWEET DULCE

Those pears are very sweet.

Esas peras son muy dulces.

SWIM NADAR

I need to learn how to swim!

¡Debo aprender a nadar!

SWING HAMACARSE

I love to swing on the swings!

¡Me encanta hamacarme en las hamacas!

Tt

TAIL COLA

Our dog has a very short tail.

Nuestro perro tiene la cola muy corta.

TAKE TOMAR

"Don't take my hat and glasses, please!"

"¡Por favor, no tomes mi sombrero ni mis gafas!"

TALK
HABLAR

We talk about everything on the way to school.

Hablamos de todo cuando vamos camino a la escuela.

TALL
ALTO

Jim is tall, so I can crawl through his legs.

Jim es alto, así que puedo pasar gateando entre sus piernas.

TEACH
ENSEÑAR

Our coach will teach us how to throw today.

Hoy nuestro entrenador nos va a enseñar a tirar.

TELL
CONTAR

I always tell funny stories to my friend.

Siempre le cuento historias graciosas a mi amigo.

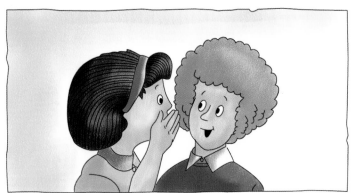

THAN
QUE

The dog runs faster than Jim!

¡El perro corre más rápido que Jim!

79

THAT ESE

That boat is ours.

Ese barco es nuestro.

THEN LUEGO

"You jump first, and then I will."

"Tú salta primero y luego lo haré yo."

THERE *(THERE ARE)* HAY

There are so many stars tonight!
¡Hay tantas estrellas esta noche!

THESE ESTOS

These clowns have a flat tire.

Estos payasos tienen un neumático pinchado.

THOSE AQUELLOS

Those toys are my favorite.

Aquellos juguetes son mis favoritos.

THOUGHT   *(THINK)* PENSAR

Tom thought those boots would fit him.

Tom pensó que esas botas le quedarían bien.

THINK   PENSAR

We think our cookies will be tasty.

Pensamos que nuestras galletitas serán sabrosas.

THIS   ÉSTE

This is my puppy.

Éste es mi cachorro.

TO   *(TO BLOW)* SOPLAR

I like to blow out the candles on my birthday cake.

Me gusta soplar las velas de mi pastel de cumpleaños.

TOGETHER   JUNTOS

"Dad, let's play tennis together!"

"¡Papá, juguemos al tenis juntos!"

TOMORROW — MAÑANA

We are getting ready to leave tomorrow.

Nos estamos preparando para marcharnos mañana.

TONIGHT — ESTA NOCHE

Tonight we will sleep in a tent!

¡Esta noche dormiremos en una tienda de campaña!

TRADE — INTERCAMBIAR

We always trade lunches with Sue.

Siempre intercambiamos nuestros almuerzos con Sue.

TROUBLE — PROBLEMA

Looks like someone got into trouble!

¡Parece que alguien se metió en problemas!

TRUCK — CAMIÓN

The firemen ran to their truck.

Los bomberos corrieron a su camión.

TRY — TRATAR

I want to try juggling three balls.

Quiero tratar de hacer malabarismos con tres pelotas.

TURN — TURNO

It was my turn to play with the turtle.

Era mi turno para jugar con la tortuga.

TWO — DOS

Those two girls are catching light bugs.

Esas dos chicas están atrapando luciérnagas.

Uu

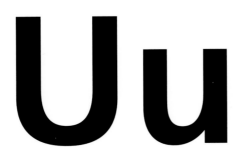

UMBRELLA — PARAGUAS

I am getting shade under the umbrella.

El paraguas me está dando sombra.

UNDER DEBAJO

The cat is under the table.

El gato está debajo de la mesa.

UNTIL HASTA

Nick will not get a pony until his birthday.

Nick no recibirá un pony hasta su cumpleaños.

UP ARRIBA

The kite was up in the sky.

La cometa estaba arriba en el cielo.

US NOSOTROS

Mom always calls to check on us.

Mamá siempre llama para ver cómo estamos (nosotros).

USE USAR

I use a hammer to build my ship.

Uso un martillo para construir mi barco.

Vv

VERY
VERY ... MUY

We painted the fence very quickly.

Pintamos el cerco muy rápido.

VETERINARIAN
VETERINARIAN ... VETERINARIO

I took my dog to a veterinarian.

Llevé a mi perro al veterinario.

VIOLIN
VIOLIN ... VIOLÍN

Jack plays violin.

Jack toca el violín.

VISIT
VISIT ... VISITAR

We take a train to visit our grandparents.

Tomamos un tren para ir a visitar a nuestros abuelos.

Ww

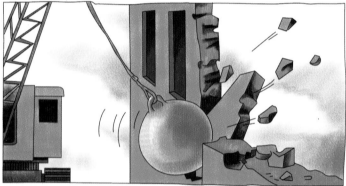

WAIT
ESPERAR

"Let's wait for William!"

"¡Esperemos a William!"

WALL
PARED

The workers are taking down this wall.

Los trabajadores están derrumbando esta pared.

WANT
QUERER

"Do you want to see what I've got?"

"¿Quieres ver lo que tengo?"

WARM
ABRIGADO

Walter wants to wear his warm coat.

Walter desea usar su chaquetón abrigado.

WASH
LAVAR

Always wash your hands before meals.

Siempre te debes lavar las manos antes de las comidas.

WATCH
MIRAR

Tony has to watch where he is going!

¡Tony debe mirar adónde va!

WATCH
RELOJ

Jim got a new watch.

Jim recibió un reloj nuevo.

WEAK
DÉBIL

Mary is weak, so she stays in bed.

Mary está débil, así que se queda en la cama.

WEB
TELARAÑA

A huge spider was on the web.

Había una enorme araña sobre la telaraña.

CHERRY
Cereza

GRAPES
Uvas

ORANGE
Naranja

APRICOT
Damasco

PINEAPPLE
Piña

STRAWBERRY
Frutilla

BANANA
Banana

APPLE
Manzana

PLUM
Ciruela

PEAR
Pera

CABBAGE
Repollo

RED BEET
Remolacha

SPRING ONIONS
Cebolleta

POTATOES
Papas

CARROT
Zanahoria

TOMATO
Tomate

CUCUMBER
Pepino

WEEK   SEMANA

We will be back next week.

Volveremos la próxima semana.

WHAT   QUÉ

"Oh, what a great truck!"

"¡Ay, qué camión fabuloso!"

WHEN   CUANDO

Wendy likes it when the wind blows in her hair.

A Wendy le gusta cuando el viento sopla en su cabello.

WHERE   DÓNDE

"Don't tell them where I am!"

"¡No les digas dónde estoy!"

WHICH   CUÁL

Which button did I miss?

¿Cuál es el botón que no vi?

WHOSE DE QUIÉN

Whose fault was this broken window?

¿De quién fue la culpa de que se rompiera esta ventana?

WILL *(WILL DO)* HACER

"Will you do a cartwheel with me?"

¿Vas a hacer un salto mortal conmigo?

WIN GANAR

Now we are going to win!

¡Ahora vamos a ganar!

WOOD MADERA

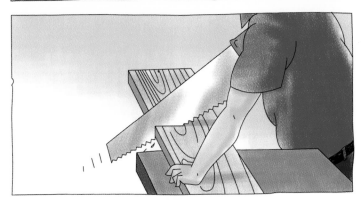

This saw cuts wood very well.

Esta sierra corta muy bien la madera.

WORK TRABAJAR

James doesn't like to work.

A James no le gusta trabajar.

WORLD MUNDO

This is a world map.

Éste es un mapa del mundo.

XxYy

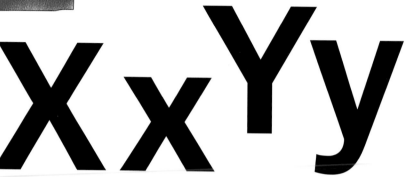

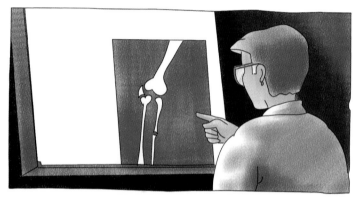

X RAY RAYOS X

The doctor checks my x-ray.

El doctor examina mis rayos x.

YARD JARDÍN

Jill helps Dad to clean up the yard.

Jill ayuda a papá a limpiar el jardín.

YEAR AÑO

"Who wants to go on a trip next year?"

"¿Quién desea ir de viaje el año que viene?"

YES SÍ

"Oh, yes, it is cold!"

"¡Ay, sí, hace frío!"

YOUNG JOVEN

The young puppy was afraid to cross the street.

El joven cachorro tenía miedo de cruzar la calle.

YOUR TU

"Today is your birthday, Jim!"

"¡Hoy es tu cumpleaños, Jim!"

Zz

ZOO ZOOLÓGICO

I love to watch animals at the zoo.

Me encanta mirar los animales en el zoológico.

SQUARE
Cuadrado

CIRCLE
Círculo

RECTANGLE
Rectañgulo

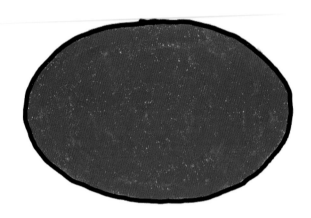

OVAL
Óvalo

CUBE
Cubo

SPHERE
Esfera